日本人の叙情の
"まあいいか!"
による

莫大な
仕事の損失
を減らそう

高木敬三
TAKAGI Keizo

文芸社

まえがき　私の訴えたいこと

　現在の日本の経済活動（企業や官庁の活動も）は活気にあふれ、向上しているだろうか。政府や企業の動きは、働き方改革とか再教育とかダイバーシティ、過剰労働、そして格差とか社会に存在しているいろいろな事柄を問題として発信しているが、その問題は現象で、その現象はどんなことが悪いのかどんな状態なら良いのか。また、何が悪いから改革とか、教育とかを提唱しているのか。その提唱はどんな人達がどんな能力で困っているから提唱するのかが、具体的にはわからず漠然としているように思う。即ち何故、何で困っているかがわかっていないのに対策を示しているように思う。

　例えば、"再教育"を取り上げてみよう。これは知識の習得を求めていることを指すと思うが、それは何の知識なのか、そしてそれを知ったらそれでよいのか。世の中は、仕事を中心にネットシステムが悠々闊歩しているからこの分野の知識を習得させたいと考えているのかもしれない。しかし、知識を得たからといってすぐそれが仕事に使える、というようにはいかないこ

とはよくわかっていることだから、ここで提唱の効果は成功して終わりとはならないのではないだろうか。

　即ち、問題は解決していないということであろう。これは、現在の日本の経済活動の沈滞の問題は何かと問題を掘り下げて、何が悪いのかを明らかにせずに思い込みで答えを出しているからだと思う。

　問題は奥深いところにあって難しい。参考となると思う良い実例を紹介すると、トヨタ自動車の行灯方式の事例である。トヨタの生産部門では工程ラインの要所要所にランプを取り付けた。そのラインのどこかの工程でトラブルが発生すると、その工程の近くのランプが点灯されてライン全部が停止する仕組みになっている。これを、行灯方式と言っている。ライン全部が止まるから関係者はどうしたどうしたと大騒ぎになる。ラインの生産が止まるのだから騒ぐのは当然である。またこれにより、生産が遅れて納期遅れとなり客先からお怒りも来る。大変なことにもなる。何故この大騒ぎとなるような行灯方式をトヨタは導入したのか。

　生産現場の工程ではいろいろなトラブルがよく発生する。そして、その工程担当者は作業を止めてそのトラブルに対応する。この時、その担当者以外はこの工

程が停止していることを知らない。このため、この工程のトラブルが解決するまで生産は止まるが、その影響が出るのは他の工程で仕掛品が流れてこなくなり "どうしたんだ！" と他の工程で騒ぎ始めてから初めて表に現れる。このようなことで従来はあっちこっちで作業の遅れを出し生産ラインが混乱した。そしてその都度会議を開いて原因を分析をして対策を決め、これを関係者に伝えて、実施を指示して再発を防ぐ努力をしていた。

　これは従来長い年月行われてきた手続きだが、対策が浸透せず類似のトラブルが絶えない。そこで、これは職場全員で注意を払ってトラブルの原因を理解させて対策を浸透させるという姿勢が必要と生産トップの役員が判断して、どの工程でもトラブルが発生して作業が続けられなくなればラインすべてをすぐ停止して、技術者・課長・保守点検者等の関係者全員がその工程にすぐに集まり、みんなでその実状把握と分析、そして対策を練るよう指示した。これは組織のトップの決断で組織全体の行動が変わったからできたことで、これにより対策の内容が各部署に行き渡り注意深く実行されて、その後のトラブルは減少しているようである。

事例が長くなったが、このようにいろいろな対策を
しっかりと分析の上決めても、その実行は、伝えたか
らそれで実現したということにはならないということ
である。原因の分析を関係者みんなで行うことによっ
て、その対策の意味がわかり、担当者もその意味の通
り実行することができるわけであり、思い付きや思い
込みだけでは誤解が生じてしまう。これほどトラブル
はしつこく難しいものであり、人間の対応力にも限界
がある。これを仕方がないと捉えてそのままにするか、
大鉈を振るうか心構えが問われている。しかし、この
思い付きや思い込みが、日本人特有の心情で幅を利か
しているように思う。

　世の中は技術の進歩（特にIT）で合理化や簡便化
の機能も進んでいるが、大きな失敗も増加している。
そして再発も多く見られる。例えば、個人情報の漏
洩・ネットシステムの遮断・交通機関の停止・金融機
関のシステム障害等といったことで国民は迷惑を受け
かつ損害も発生している。これらは再発しているし、
安心できないからよくない。こんな現状の日本に、中
身のわからないAIといったシステムが入ってきてい
るのだ。特にディープAIは危険と便利さを共に持っ
たシステムであるようで、内容を論理的に整理してか

らの対応が必要なようである。しかし、これは我が国の昔から続く萬葉集の心（叙情）からつながる習慣とは異質のように思う。不安を感じつつ、日本の経済活動の停滞や大きな損失などを掘り下げて、良きにつけ悪しきにつけこの日本人特有の心情を見つめつつ、日本人らしい発展の道を考えてみたいと思い、以下にその展開をさせていただく。

目次

第 **1** 章

はじめに

夕されば 小倉の山に 鳴く鹿は
　　今夜は鳴かず 寝ねにけらしも

（萬葉集巻八・1511番）

意味：夕暮れになるといつも小倉の山で鳴くあの鹿は、
　　　どうしてか、今夜は鳴かない。妻にめぐり逢え
　　　て共寝をしているのであろう
　　岡本天皇の御製。萬葉集の代表作。

憶良らは 今は罷らむ 子泣くらむ
　　それその母も 我を待つらむぞ

（萬葉集巻三・337番）

意味：子供が私を待って泣いています。そしてこの子
　　　の母も私を待っていますから、私（山上憶良）
　　　は、もう帰ります
　　山上憶良が詠む。当時の勤め人の仕事場と家庭の雰
　　囲気が現代のそれと似ていて優しさを感じられる歌で
　　ある。

廬原の 清見の崎の 三保の浦の

　　ゆたけき見つつ もの思ひもなし

意味：廬原の清見の崎の三保の浦、その広々とゆった
　　　りした海原を眺めていると、胸の中が洗い清め
　　　られて晴ればれとした気持ちだ

　田口益人が詠む。自然の広大な海の景色に遠い地方
への赴任にまつわる種々の愁いやわだかまりがすっか
りとれた気分の歌である。

◎参考文献：『新潮日本古典集成 萬葉集一』
　　　　　　　　『新潮日本古典集成 萬葉集二』

　　　　　　＊　　　　　　＊　　　　　　＊

　千数百年以前の日本で暮らす人々の生活やその思い
は現在と同じか、或いはもっと穏やかな気分を思わせ
る状況を思い浮かべ口ずさみながら……今の日本の国
の経済や行政、政治の活動を顧みると、今の日本人の
仕事ぶりには元気がないように思う。
　どんどん問題を解決して向上し、世界に負けない力

を常に持とうとする意欲が見られない。適当に働いて
あとは自分の好きなように、といった雰囲気である。

　ところでその世の中では、事故や仕事の不手際と
いったことによる損失が多く見られるし、また、国民
が困ったことがあってもそれを解決する動きは議会に
も行政にも乏しい。そしてそれは、減少していくより
も増加するか、諦めて忘れ去られる状況にあるように
思える。企業の中での事故や不手際も、解決するよう
な動きは見せるが、これも増加しているように思える。

　日本では、「改善・向上・刷新」との言葉は掲げる
が、実際は何も変わっていない、という様子をよく見
かける。上層部から下部まで掛け声を出してはいるが、
具体的な行動は何もなく、変わったこともしていない。
ただ上から下まで意識改革を促すような、"がんばろ
う"と叫んでいるだけのように思われる。

　昔から支那（明治時代から昭和初期の中国）と日本
との仕事の仕方について言われているこのような話が
ある。

「支那人は、店の看板は変わっていないけれど、店の
中はすっかり変わっていて、やっていることが変化し
ている。日本人は店の看板は変わっているが、店の中
身は何も変わっていない。変えたのは看板だけだ」

有言不実行で掛け声だけの経営をしている、という、反省の意味を含めて言われた言葉であろう。

　前向きに考えて、人に優しく行動していこうという良い意思がある人達の動きの結果が、どうしてこのようになるのか。本書ではその実態を分析してその要因を考え、提案までをまとめてみた。これらの考察が、今後の日本人の仕事の捉え方、そしてその質と生産性の向上、そして国民の困った事柄の解消へとつながれば、と考えている。経済活動に影響を及ぼす官民の対応力と管理職の働き、議会議員諸氏の働きに対しても、課題の考察、解決策の提案をしていきたい。

　最初に、最近の日本における大きな困り事の実態、とその要因を以下に列挙して考えてみたい。

第 2 章

日本の経済活動と
政治活動の問題

1 | 給料が長期にわたって上がらない、
　　派遣社員の不平等

2 | 経済発展要素が土に埋もれている

3 | 企業内で起こる重要なトラブルが多い

4 | 国及び地方の政治活動が問題を
　　掘り下げたものになっていない

5 | 社会の重要な問題への解決対応が遅く、
　　解決策も少ない

1 | 給料が長期にわたって上がらない、派遣社員の不平等

　昨今、給料を長年にわたって昇給させていない企業が多くあると話題になっているが、経営者の考えの根底には明治の頃の自分中心の「資本家の搾取思想」がよみがえっているかのように思われる。もともと企業の発生は、事業主が一人でものづくりやサービス提供を始めて、仕事の拡大に合わせて従業員を募集して作業を任せ、そして管理作業は自分の手に負えなくなればこれをその才能のある従業員に任せる。さらに事業が発展すると経営の一部を負担してもらうべく適材を得て、これに任せるという形で人材を構成。その人材と共に、社会のニーズを探り、それに適したモノやサービスを築き上げて発展していくと考えられている。

　だから人は、新しい発展を生み出していく存在である。それがいつのまにか、何も生み出さない、ただ動く機械にされてしまっているように見える。人間は、できるだけ安い値段で購入した材料と同じに考えられ、扱われている。材料は何も考えなくて自身では新しいものも生み出さない。それと同じように、人間を何も

考えないただ動いている機械でよい、と経営陣は思っているのだろうか。昔から企業は人なり、と言われてきたが、今では企業は機械なり、とか企業はAIなり、とされているのか。機械でもAIでも外国の追い上げは厳しく、同じ型の機械やAIは長い期間使う前に、新しい型に投資しないと競争に負ける。長くても7、8年、そしてサイクルの短い半導体などは2、3年で交換しなければならない。

　従業員はそんなに新しい変化や貢献をしてくれないと経営層は思っているのだろうか。そう思うのは、従業員を教育訓練して向上させていないからではないだろうか。また、派遣社員で労務費を圧縮しようとする現在の多くの企業のやり方も、派遣社員と正社員の能力に差がない仕事が多ければ、給与に差があることでモチベーションが上がらず、結果として良い状況にならないのではないか。企業は〝人〟なりから考えれば、現在のそれは正しい人材活用の姿ではなく、結果的に企業の成長や進歩の足を引っ張っているのではないだろうか。

2 ｜ 経済発展要素が土に埋もれている

　経済発展の要素が見当らなく、社会に輝きがない。

　発展の卵は存在しているが社会の底辺に沈んでいて、掘り起こす政府や企業の予算も少なく推進計画も弱く、発展の芽が出にくくなっているのではないか。これらの対策としては、国が、産学合わせて全体の調査によるマトリックスを作成し、優先順位を決めて推進計画を立ち上げて統一的な推進をすべきであろう。

3 ┃ 行政や企業内で起こる 重要なトラブルが多い

　その実態を理解するために、数多く公表されている公的機関のトラブル、民間企業のトラブル例の中でも、わかりやすい事例を取り上げて、その実態と分析、そして対応策を考えてみたい。

〔1〕トラブル事例

　メディアで公表されている情報で主として、民間企業や行政機関等で発生している近年のトラブル事例を次に示す。

A．公的機関の例	B．民間の例
①静岡県熱海市 　熱海土砂崩れ災害事故 ②福島第一原発1号機と 　3号機の水素爆発事故	①ロシアのウクライナ侵 　攻への日本企業の対応 　の問題 ②M電機 　検査方法の勝手な変更 ③K化工 　異薬混入

※トラブルのここでの定義

　日常生活をおくる世間の人や、官庁・企業といった組織の人達の困っている事柄、迷惑している事柄をいう。ただし叙事的事象に限る、叙情的人情領域は除く。

〔2〕公的機関トラブル事例

①熱海土石流発生災害事故問題
ａ）トラブル発生

　令和3年7月、盛土が崩壊して土石流が発生し、多数の死傷者が出ると共に多くの家屋が崩壊した。

　　◎参考資料：読売新聞 令和4年7月8日、産経新聞 令和4年7月10日

ｂ）トラブル作業状況

　　ア．平成19年3月頃、土地所有者が現地の盛土造成の申請を熱海市に行なった

　　イ．申請は同土地購入（平成18年9月頃）の約半年後に行なった

　　ウ．市は土地造成工事が法令違反をしているとし、土砂搬入の中止を要請（平成22年10月）

　　エ．土地所有者は造成工事途中で土地を現在の所有

　　者に売却した（平成23年2月）

オ．市は現在と旧来の両土地所有者に安全対策工事
　　を要求（平成23年5月）。しかし両者は費用負
　　担を拒否し、実行されず

カ．土地の現所有者名で静岡県に「安全対策工事を
　　実施する」との文書が提出された（平成25年1
　　月）。しかし、文書は作成していないと所有者
　　は言っている

キ．その後、市の調査で土地造成が法令で定められ
　　た許可の量を超えているが、この認可は県の管
　　轄となるとして市が県と話し合ったが、県はこ
　　れを受け付けなかった（時期不明）

ク．盛土の過剰実施による崩壊の危険性の有無の確
　　認を役所内の専門担当者と共に行なっておらず、
　　現場確認が不充分

ケ．盛土の崩壊が発生した（令和3年7月3日）

ｃ）悪さ

ア．何故、市の担当者は市の土木工事の専門家と現
　　地調査・査察をして安全上の専門判断を広い角
　　度で行わなかったのか、危機意識がなかったの
　　か

イ．何故、現在と旧来の両土地所有者の拒否に対し役所の担当は強力に実行の要請ができなかったのか

ウ．何故、県の担当者は業者からの文書の写しを市の担当課長に送付しなかったのか

エ．何故、県の担当課長と市の担当課長とで認可の管轄問題と対策について協議をしなかったのか。また両者は現地に行って危険性の確認をしなかったのか。行政は盛土に関しての危機意識を持ち人の命の危険を叫ぶべきだ

オ．盛土が法令で定められた量を超えているのに、盛土の専門家と危険の評価をしていない

ｄ）悪さ防止支援行為

ア．何故、上司の管理職は部下の難題を察知して援助の手を出さなかったのか

イ．行政担当者に事柄の重大性の認識がなかった

ウ．行政が法令遵守の管轄先を曖昧にして明確化せず、暫定的な決定を下すことにも消極的かつ傍観的な姿勢をとっていた。これでは問題は解決しない

エ．行政の管理職が、部下の担当者の抱えている問

題（行政上の不充分な規則や権限で判断や行動ができず対応が停止している）に注意を怠らず、事の重大さによってはすぐ却下など、援助に乗り出す行為が必要であり、その責任がある。対応が甘い

オ．管理職が盛土の基準超過による危険の確認を担当者に指示していない

e）コメント

ア．行政は事務的な書類の受け渡しという手続きと共に、許可の承認否認という重要な役割を有している

イ．役所の管理職は、特に承認否認については事務的な対応でなく、現場確認とか専門評価という法令に示されていない判断に注意力を注がねばならない。"宜しく頼む""良きに計らえ"では国民が苦労する

ウ．役所間の責任の所在や権限の曖昧さは、残念ながら常にある。トラブルが生じたら市長が席を立って陣頭指揮をして明快にしなければならない。"良きに計らえ"では人々は不満だし、不幸にされる

エ. 市長を含め市の管理職の盛土による危険性に対する認識が甘かったのが重大な失敗。部下の動きを把握しフォローをしていれば気づくことができたであろう

特性要因分析図

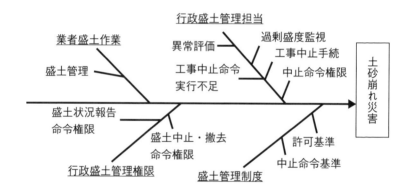

②福島第一原発の東日本大震災と津波による
災害発生事故問題
ａ）トラブル発生
ア. 平成23年３月11日、東北太平洋沖で大地震発生、続いて大津波襲来

　　イ．福島第一原発は大津波の襲来で緊急非常用冷却
　　　　水供給ポンプ用モーターが冠水して、稼働不能
　　　　で原子炉の冷却が不可能となった
　　ウ．冷却不能になったことで水素が発生し、水素爆
　　　　発を起こして建物が破損して放射能が漏れだし
　　　　た

ｂ）トラブル作業状況
　　ア．福島原発を建設する以前に、地震や津波の発生
　　　　の可能性について、東芝電機と政府は専門家に
　　　　よる歴史をさかのぼっての調査報告書に目を通
　　　　しており、過去において大地震・大津波が発生
　　　　した形跡があることを知っていた
　　イ．緊急作業用の冷却水供給用ポンプは、原発の建
　　　　物の下方の海岸に近い所に設置した

ｃ）悪さ
　　ア．過去に大地震や大津波があったらしいという専
　　　　門家の調査結果があったが、これを信じずに無
　　　　視をしてその危険性に対する対策をとらなかっ
　　　　た
　　イ．その危険性の一つとしての大津波による非常用

の冷却水供給モーターの冠水対策（場所を含めて）をとらなかった

d）悪さ防止支援行為
　ア．原発建設については国も安全対策を含めて管理体制をとり、技術面を含めて設計や工事の管理をして失敗のない作業をしていたようだが、大地震や大津波の調査結果は問題ないとした
　イ．非常用冷却水ポンプの設置は特に心配していなかったようである
　ウ．広い視野からの専門科学、工学の人達の審議機関を設置し、客観的審議を必要としていたと思われる

e）コメント
　ア．原発の便益に目がくらみ放射能の危険性への視点が浅くなった。"もし危険があったら"という思いより、まあ記録にあるのは古い昔の地震や津波だから心配しなくてもいいだろう、と甘く考え用心深さに欠けたのではないか。少しでも危険と思えば用心しなければならない事柄に違いないのだから

◎参考資料：朝日新聞 平成23年3月14日、産経新聞
令和4年6月18日

特性要因分析図

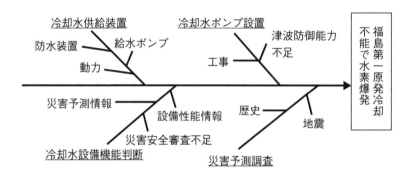

〔３〕民間企業トラブル事例

①ロシアのウクライナ侵攻への日本企業対応問題

a）トラブル発生

　ロシアのウクライナ侵攻は、ロシア進出の日本企業
の存続の判断を各企業につきつけた。だが判断を明確
にしたのは、ロシア進出企業の36％（令和4年4月

11日現在――侵攻後1.5ヶ月時点）

　米国の大学の調査では、米国企業の75.7％が何らかの対応をしたとしており、日本の判断が遅いと指摘している（産経新聞 令和4年10月24日）

ｂ）トラブル作業状況

　ロシアの侵攻後日本企業は静観していた

　侵攻後半月で日本の一社が市場で批判され事業を一時停止した

　これを受け日本の他のロシア進出企業は現地での事業を見直し始めているが、1.0ヶ月後で22％、1.5ヶ月後で36％が撤退を決定した。64％は未決定である

ｃ）悪さ

　残留のリスクが判断できていない

　危機管理への対応をとっていない企業が多い

ｄ）悪さ防止支援行為

　地政学リスクへの対応を重要と思っているが、その専任チームを設けている企業は少ない（昨年8月で12％の企業のみ）

e）コメント

　危機管理体制の確立の脆弱さは経営者の判断の遅れによるが、その原因は、誰が意思決定をするか責任の所在が曖昧なことで、経営組織の不備として問題である

特性要因分析図

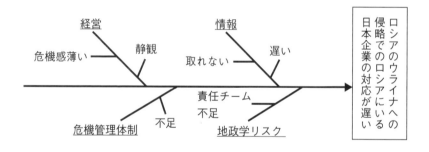

②M電機の検査不正問題

a）トラブル発生

　ア．検査の一部を規定外の独自の方法で検査をした

　イ．検査データを他のデータから流用した

　ウ．検査不正の報告を精密に調査しなかった

エ．規定値不足を合格にした

オ．検査を実施せず合格にした

※上記に類似したトラブルが全社製作所の80％に
近い17製作所で発覚した

b）トラブル作業状況

ア．検査標準と異なる方法で検査し合格とした

イ．検査を省略して他のデータを転用して合格とし
た

ウ．検査不正の報告があったのに充分調査せず言い
訳をうのみにした

エ．測定値が基準を満たしていないのに充分あると
して合格にした

オ．検査をせず架空の記録をした

※社内の各製作所の作業環境が同じ状況で、全体が
同じ業務体制になっている

c）悪さ

ア．品質保証していない

イ．作業を手抜きしている

ウ．作業チェック機能が働いていない

エ．仕事の責任意識がなくなっている

　※現場管理者が品質保証の悪さを把握していない

d）悪さ防止支援行為・業績達成支援行為
　ア．品質管理スタッフの品質監査活動が独立権限を
　　　生かせず問題を指摘していない
　イ．上司の業務のチェック活動が他の仕事の対応で
　　　行われず現場の品質保証実態を把握していない
　ウ．上部管理者が、業績達成のための部門間の業務
　　　遂行チェックの報告を下部管理者から受けてい
　　　ない
　エ．執行役員レベルにおける各機能部門の業績確認
　　　（現場視察と業績報告会議での視察による実態
　　　把握）、さらに適切な質問と助言が行われてい
　　　ないか、または形骸化している
　オ．全社的に監査機能が働いていない

e）コメント
　•品質制御の体制が働いていないから、上層部にト
　　ラブル情報が上がらない
　•従業員は仕事の努力すべきポイントを認識してい
　　ない
　•管理職に現場の実態情報が報告されず、管理職は

現場の実態把握に努力をせず、無管理状態になっている。従業員との対話がない

- 上部部門管理者が下部管理者の部門計画の進行状況の報告を受けていないから、現場の品質保証体制が悪化していることに気づくことができていない。即ち、下部管理者のフォローができていない
- 執行役員レベルでは、各機能部門の現場活動から上部の管理活動まで現状を把握して現場の活動状況と組織の管理統制状況を評価し、対策の必要性を考えねばならない。しかし、現場視察は不充分で実態が把握できていない状態である。組織の上層部は現場から離れて浮き上がっている状態であろう
- 組織理論から見れば、組織の中の一事業部門が制御されていない状況であれば、その環境は他の事業部門に感染し同じ状態になっていくと言われているから、同社もその理論通りになっているのであろう

以上の悪さの実態を特性要因分析で整理すると、次頁のようになる。

特性要因分析図

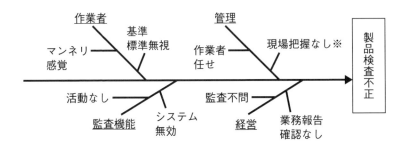

　要は担当者の考えと行動を確かめることなく "任せるよ" という、丸投げの姿勢をとっているからで危険に思う。しかしこの任せと無確認で仕事をしている企業は日本国内でよく見られる姿ではないだろうか。マンネリの危機と言える。

　悪さが出るということは、「当社の経営姿勢は、各製作所の運営は放任（Out of Control）です」という状態と言える。

参考資料：読売新聞 令和４年10月24日、産経新聞
　　　　　令和３年10月２日

③K化工（製薬会社）の不正製法及び異種薬混入問題

ａ）トラブル発生

　調査したＹ事業所で製造した医薬品の86.9％が、国から承認を受けた製造手順書と違う製造手順で生産されていた。また、同じ事業所で製造している医薬品の一品目に、他の医薬品が混入されて生産されていた

ｂ）トラブル作業状況

　医薬品の製造は国に申請し承認を受けた作業方法で行わなければならないが、別の作業方法が造りやすいとして正規の方法を守らずに作業した。この変更は薬事法で禁止されているが、その管理責任部門でも防止できなかった

　また、異なる医薬品の混入は品質管理責任者の出席立合いになるから、立合い後に保管ミスで混入が発生したと思われる

ｃ）悪さ

　薬事法違反

　承認外製法

　作業記録の不正

　医薬品管理不良

作業記録不正

d）悪さ防止支援行為

　薬事法に示す品質管理活動が記録されていない

　行政の定期現場視察で見抜けず

　管理活動が不良

特性要因分析図

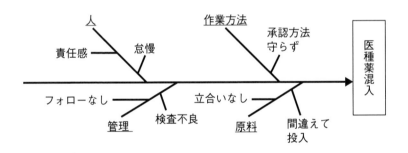

e）コメント

- 経営陣が黙認する体制となっているので、現場トラブルではなく経営トラブルである（まあいいだろう、そのうち対応しよう）という甘さ

- 従業員は単に身体を動かす人間になっている
- 行政の定期視察監査が不正を見抜けなかった。その確認方法を再検討しなければならない

参考資料：読売新聞 令和3年4月17日、産経新聞 令和
　　　　　4年4月22日

〔4〕事例の分析と考察

　以上、5件の社会に公表された民間企業及び行政機関におけるトラブルを分析して、そのトラブルの発生原因と疑われる要因を想定した。その中でトラブルに最も強い影響を与えていると考えられる要因を選んでみると、この五つのトラブル事例の中では「確認（チェック）作業」が行われていない、という要因が大きな影響をもたらしていると思われる。これをトラブルの主たる悪さと判断すると、この種のトラブルを再発させないようにするには「作業内容の確認を決められた時期にしっかり行う」という対策案が得られる。
　では今後、この対策案で今回のようなトラブルをなくすように、と企業内の組織に実行を指示したとして、この種のトラブルはなくなるだろうか。今回の事例の

トラブルが、日本社会で初めて発生した事柄であった
だろうか。過去に同一または類似の事柄はなかったの
だろうか。初めての発生で過去になかったものなら、
今回の対策案は全組織をあげて推進すれば効果が期待
できる。しかし、過去に類似のトラブル事例があった
とすると、今回の対策案の実施で大丈夫、と素直に言
えないように思う。何故ならば、経営・管理に力を入
れている民間企業や行政は過去にこれと類似の事例が
発生した時点で、そのトラブルの分析をして、対応策
を導き出し、自分の組織内に予防を目指してこの対策
案の実行を指示していたはずだからである。

　しかし、このトラブルは10年、20年以上前から、
企業は別の企業であってもまた、行政の管轄は違うと
しても、現実には類似原因のトラブルとして発生し続
けている。これはトラブルが再発していると考えるべ
きであろう。企業は異なり、行政の管轄は異なっても
原因が類似であれば、対策は通常なら他でも有効であ
る。何故、類似トラブルが再発するのか。原因分析を
して立案した対策の効果が何故出ないのか、疑問が残
る（次の〔5〕項の特性要因分析図で分析してみよ
う）。

ところで「確かめる」という行為は、人間がある行動をしようと考えている中で、忘れていたことを思い出す力である。そしてその時、新しい発想を引出すこともある。このように考えると、「確かめる」という行為は、今やろうとしていることの内容の整理をする働きを持っていると言える。

　だから確かめる行為が非常に重要な作業であることはわかっているが、反面で「そのうちに……」とか「後で……」といった軽い扱いになって「つい確かめることを忘れてしまった！」とか「ついでにやろうと思って後回しにしてしまった」といったことが生じてしまうものでもある。しかし、例えばものづくりの作業工程で管理者が部下の作業員に、「今日から部品の加工方法は、前に指導を受けた新しい方法で加工することになっているんだよね」と声をかけることで、部下は「あっ、そうだった」と忘れていれば思い出してそれへの対応をするし、忘れることなく準備していれば"大丈夫ですよ"と応答して、良いコミュニケーションにもなる。こうした確認の姿としてまとまることにより、良い雰囲気で進む。

　このように、確認という行為は効果をもたらすが、人によっては「細かいことを言うな」とか「いちいち

うるさいことを言うな」と考えて、不満に思う従業員もいる。これを気にして控えめになる上司も存在するかもしれない。

　しかし組織の経営管理論では、部下の管理活動においてマネジメント・サイクルとして四つのステップ（Plan・Do・Check・Action）を必要とする。特にその中のCheckのステップは、部下の活動の把握行為として重要かつ遵守すべきと規定される管理職の作業であるから、手抜きをしたり放任してはいけない。この「確認と修正作業」をしていないトラブル案件は再発を繰り返している、という現状がある。勤勉である日本人が、やらねばならないことに対して手抜きをしないはず、と思うのに、こればかりは「苦手」のようである。

〔5〕再発の原因

　五つの事例の分析により、「管理職による確認作業の確実な実施」という対策案が示したが、トラブルは再発している。その原因分析として特性要因分析図を描いてみよう。

再発の特性要因分析図

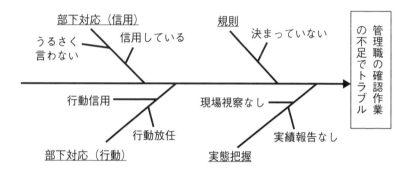

※悪さの原因がいっぱいぶら下がっている。

　PDCAの「C」の弱点の要因図となっている。

　「C」が行動を待っている。

第 **3** 章

確認活動の不定着
の何故

1 | 確認活動と日本人の判断習性

　"確かめる"、特に"人の行為や心情を確かめる"という判断や行為には、日本人特有の優しい習慣があるように思われる。古来の日本人の日常生活を知るには、萬葉集を開くとよくわかると思う。萬葉集には、天皇から平民までの多様な歌が集められている。

　古来の日本人の想い、例えば妻・恋人・友人・上司、通りすがりの人、仕事中の人というふうに、いろいろな立場の人への想いや考えが詠まれていて、その数は4,516首にも及ぶ。詠まれた期間は7世紀前半から759年までの約130年近くとなり、古代の長い年月を生きた人達の考えや心情等が読みとれて素晴しい。そしてこの歌集の約97％強の歌が筆者の調べたところでは叙情歌であり、叙事歌、叙景歌は3％に満たない。

　勿論、萬葉集は、叙情歌の歌集であると後世言われてきている通りで当り前のことであるが、筆者の言いたいことは、日本人はこの萬葉集の頃から人情にあふれた日常生活を営み、人との交わりは想いやりや、心情の汲みとりによる相手の考えの理解など、商売の取

引においても多くを語らず腹の読み合いで決めるという生活習慣が日常行われていたのではないかと思われる。即ち、物事を考えそれを語るのではなく、人の心情を慮り、それを語る日常生活を送っていたのではないかと思う。

　それから千数百年を経て現在に至るまで、多くの文学作品が書かれているが、それらのほとんどが叙情的文章で構成されていて、"好き""嫌い""喜ぶ""悲しい""淋しい""楽しい"といった叙情的言葉を多用して描いているものである。このように考えると日本人の心は、叙情的思考の流れで育ち、習慣化していったと言えるであろう。

　以上のように考えると、日本人社会では次のような言葉や思いがよく語られたり行動に表れたりする、という姿が納得できる。

　即ち、

①相手の立場を思いやる。

②相手とお互いに気持ちや気心をわかり合うようにする。

③相手と相互に気持ちや気心がわかり合っているとすれば、細かい気持ちを言わなくても相手は理解

していると判断して細かな事柄は言わないでいい
だろうと思う。

④仕事を一緒に行う場合は、互いに気心を知ってい
　る者同士では主たる事項の確認や打ち合わせをし
　た後は、他の細かな諸々のことはお互いに理解し
　ているとして念を押すこともなく、自分の判断で
　行動できると考える。

⑤人との付き合いはお互いを思いやっていれば多く
　をしゃべらずに、自分の判断に注意をしていれば
　意見の食い違いがなく争いもなく、平和で仲良く
　付き合っていけると考えている。また意見の少々
　の違いは相手に譲れば良いと思っている。

⑥仕事は任せたら、とやかく言わず見守る。即ち、
　以心伝心でうまくいくと考えている。相手が大き
　な問題に突き当った時、責任ある行動をとってく
　れると思っている。

⑦商談は相手を信じ利益を譲るという協力をする。

　例えば、第二次大戦前の日本と英国の協議において
英国の時の首相であったチャーチル氏は「日本は交渉
では自分達の都合の悪いことでも笑顔で了承してくれ
る、それで問題がないかと思っていろいろと交渉をし

ていくとそれまで反論もせず黙っていたのが急に怒って席を立って爆発する。黙っていたからOKかと思っていたが不満の心を抑えていたという姿勢であった。心がつかみにくい」といった感想を述べている。即ち、相手の善意を信じ、一つ一つの細かな事柄を言わなくても、相手はこちらの考えを推測してくれるだろうと、ぎりぎりまで妥協をする日本人の心を表現した例である。

このような控えめな習慣を持つ国民が、自分の部下に仕事を託してその仕事の状況を確かめずに、部下が失敗したらどうするのか。このように掘り下げた対応を考えるのが、仕事に厳しい叙事的で客観的な姿勢であるが、日頃叙情的な考えを習慣として身につけていると、叙事的な発想をせずに一件落着にしてしまいがちだ。こうした点が優しい日本人の大弱点と言える。

第 4 章

日本人の習慣と
生活の中で起こる
トラブル対策との壁

1 | 壁の認識（確認活動について）

　萬葉時代からの日本人の優しい心と現代まで続く叙情的習性を述べてきたが、当書籍で取り上げているトラブル対策の解決策と叙情的習性を対比してみよう。日本の官庁や民間企業の組織の中では、前述の解決策として得られた科学的管理法による管理サイクルの確認・統制（C・A）という対策の実行は、日本人の叙情的習慣の壁に突き当って進めなくなることが改めてわかってきた。任せた仕事（指示・命令したもの）だけれど、うまく進んでいるか、思ったような姿になっているのか気にしていても、余計な口出しはしないように心がけてきているから、確認しにくい、となりやすい。このように叙情的習慣の思考に対して「確認」の実行はどのようにできるのか。この叙情的習性を乗り越えてC・Aを実行していく方法が強く求められる。そして、公的機関や民間企業の責任者はこれの対策を真剣に考えねば、根本的解決は簡単ではないと思う。この壁が原因となっているトラブルを、次は国政・政治活動の視点から取り上げてみたいと思う。

2 | 国及び地方の政治活動の問題点と
叙情的習性の壁

　政治活動の主たる任務とは、国民や地域住民の困っ
ていることや国の困難な事態の解決が、能力不足や困
難な壁等で進められず放置されたままになっている状
況や、費用ばかりかかって前進できなかったりする問
題を解決して、前記の困難なことやもっと大事な国難
や地域難を防ぐことであろう。また、国の法令の面か
ら考えると、現行法令の時代遅れで実態に合わないよ
うな、そして現状では不必要で弊害となる制限が国民
生活に与える大きな損害について把握し、改定や廃棄
を進めて国や国民の大きいであろう損害を減少させて
いく、これらも議員諸氏の任務ではないだろうか。

　しかし、それらが遅々として進まない実態に、国民
は叙情的な期待を寄せつつも、望んでも無理なことと
諦めているのではないだろうか。もしくは、努力をし
て損害を減少させるという議員諸氏の能力は期待でき
ないだろうと諦めているのではないだろうか。叙情的
な雰囲気を感じる政治活動に甘さを感じる。

　一般に物事の実現は、アイデアを実現化する方法を

生み出して、それを実現する行動ができるか否かによる。この生み出した方法にはいろいろな壁があり、これを乗り越える努力に成功の鍵がある。ところがこの乗り越える手段について、その壁の研究・試作・修正等について充分な議論をせず実行を認めることで、やり直しになったり、遅れたり、中止をしたりと失敗が多い。民主政治とは、このような壁がある物事の実現方法を、国政や地方政治が議会で議論をして確かめる方法である。

　だがこれには非常に時間がかかる。この議論が面倒だと思うと問題の掘り下げをせず表面的な審議でよし、という決定をしかねない。実際あり得る話であろう。この検討が充分にできなければ、民主政治は無駄で時間のかかる悪政になりかねない。この検討の効率を上げる問題を考えてみよう。

　専制政治は国の主権者が一人で提案をするから決定は早い。それに比べて民主政治は決定に時間がかかる。まず検討は参加者間の議論を必要とする。議論は、現在のみならず将来をも想定し、社会現象、自然現象やその影響について行う。それにはその方法を運用する人物達の知見・能力がその現象に対応できるか、また向上のための意欲や資質を備えているのか、といった

事柄を丁寧に話す必要がある。また、専制者の案よりも優れていて、協力して努力できる案として国民が納得するような審議や検討ができているものにしなければならない。そのためには討議の時間は大切であり、現状行われている議論のような、揚げ足を捉えたり言葉尻を捉えて議論の空転を招くような、時間の無駄遣いはなくさねばならない。正しい議論は、英知を絞り広い視野での考察をし、未来に想像される危険な現象にも知恵を絞って、その危険や変化に対する対策も考え、提案された主題の施策の補助策として付加して、万全となり立案決定できるものとなろう。そしてこの英知を絞る議論には、審議検討するテーマの分野に知見を有する、そして問題を掘り下げる能力が必要となる。議員諸氏はこの資質能力を重ね有し、研鑽を重ねながら討議に参画することが求められる。

　以上のように、議会のあるべき進め方や討議内容を頭に置いて、現状の議会活動を観察すると、まず政策やその案に対する議論が表面的で掘り下げが浅い。提案された政策や法案に、現在の日本社会の中で何が悪いのか、何に国民が苦しんでいるのか、弊害は何か、そして提案された案件にどんな利点があるのか、弊害はどのようにして取り除けるのか。また、投入する費

用はいくらで得られる利益（効果）はいくらとなる計算か、といった掘り下げた討議が、是非の判断に必要となる。

　現実を見てみると、大雑把な質問に対し「それらは万全の対応で進めます」といった答弁、抽象的な答えであり、納得していないとしても疑問を具体的な表現で質問しないから、また抽象的答えしか返ってこない。すなわち、事実を述べ表す、という叙事的議論はできず、感情を述べ表す、叙情的議論に終始する議論が非常に多い。これに加えて、重箱の隅をつつくような議論に貴重な時間を費やしている。これも叙情的議論で、議題の本筋にはならない。提出された議案が国民の求めているものであれば、その案の不充分な部分を修正する意見を出して議論すべきであり、反対のための反対は無益である。

　以上、国政や地方政治に重要な、検討（Check）する思考を考えてみたが、ここでも叙情で実態が処理されていると判断される。叙情的習慣は経済活動のみならず政治活動にも住み着いている壁といえよう。国政の議論が叙情的習慣で済まされると、大弊害の危険が常に存在することとなり危険этこの上ない。

3 日本国民の日常生活を中心とした、社会活動での叙情的習慣の壁

〔1〕問題事例

　世の中には問題がいろいろ発生する。一時的・突発的なものもあるし長期にわたるものもある。その中でも、国民・住民が日常生活ができず困っている事柄や、将来必ず状況が悪化していくと思われる問題で、国や地方行政の対応が不明、という放置できない事象がある。

　巷にある事例の一部を書き示す。

〈事例〉
①児童相談所・保健所の任務にある、家庭訪問をしても会えず帰るしかなかったという事態

②国内各地で多発している空き家の長期放置による近隣の危険問題

③住民の住まい近くに山と積み上げられた廃棄物による汚染や悪臭による生活環境の悪化

④丘陵・谷間近くでの盛土工事の崩落の不安

⑤保育園や養護施設の保育や介護の乱れ

⑥入管難民の取り扱い及び管理体制への不安

⑦女性の離婚後間近の出産児の戸籍登録の困惑

放置できない問題は枚挙にいとまがないほど発生し、長く放置されているものも多い。

　これらは、通常ではしっかりと処理を進めてくれる人達がいて、困ったことへの対応と解消をしてくれる仕組みが日本には存在している、と国民・住民の皆さんは思っている。民主国家として事実、国全体の事柄は政府が、地域の事柄は地方行政が、それぞれ対応する仕組みとなっているし、不充分であるとされる事柄は議会が対応する仕組みである。

　だがこの仕組みは、実際機能しているのだろうか。行政すなわち公務員の仕事や、公的業務を担当している議員諸氏の仕事内容が叙情に流れ、処理を曖昧に、有耶無耶にしてしまって、解決を待っている国民・住民が困り続けているという実態はないだろうか。さらには、国民・住民がこの現象を仕方ないとして諦めているかもと心配である。もしこのようなことがあれば、これも叙情的習慣による損害と考えねばならないだろう。

　このような視点で日本の現代社会を見てみると、地域により大小や多少の差はあるが、いろいろ困ったことが解決されずに滞っていることが目につき耳に聞こえてくる。そして、それらが筋道の通った扱いをされ

ず、曖昧に有耶無耶にされたり、また法令に縛られて解決不可能などと言って、無理が通れば道理が引っ込むとばかりに道理が圧力で潰されてしまい、何の打開策も打れないまま放置されてしまう。また困った話では、一応話は聞いたが解決するための努力はしていない、いやできない、いやその能力がない、といった状態になっているように思われるものである。これらも、叙情的習慣、即ち解決をするのは大変だ、抵抗もあるし取り組めばきりがないから、「まあ仕方がない、我慢をしてもらおう」「そのうち忘れてくれるだろう」などと放置して逃げてしまうなど、気まぐれ仕事に陥っている現象もあるだろう。そして議員諸氏は、有権者から期待されない議員になっているのではないだろうか。

　このような心配を抱きながら前述の事例を分析してみた。

	1. 国民・住民の困っている事柄	2. 解決する担当者の対応
行政問題	ア. 入管難民の取り扱い問題	困っていることの内容はわかったが、規則で制限されていて要望に応じられない
	イ. 災害安全対策問題	困っていることはわかったと対応しているが工事はどんどん進んでいて止めることができない、法令に限界がある
法令問題	ウ. 排水路の冠水問題、公道の横の排水路の上に壁ができて大雨で道路が冠水して近所が浸水	困っていることは理解するが法令で撤去の命令は出せない
	エ. 保育園児童の保育問題、保育人数に関する規則	困っていることはわかったが、法令で定めた人員で面倒をみてもらうしかない、理論的に検討する能力はない
生活問題	オ. 廃棄物の空地への山積みによる近隣住民の異臭や騒音問題	困っていることはわかったが、違法ではないから取締りはできない
	カ. 一家の稼ぎ頭が災害で死亡して一家の生活収入がなくなり困っている。交通事故は保険が支払われるのに不公平だ、補償が欲しい	一家の大黒柱が亡くなり収入のないことはわかったが、現行の社会保険制度の補償対象になっていないから何とも致し方ない 事務的、機械的になっている

3. 担当者の解決案	4. 解決案への判断・考え方
我慢するしかない	「仕方がない」という諦めで終えようとする
努力はしているが、取締まりに限界があるから、工事業者次第である	解決への努力はしているが行政では決められない、相手次第で決まるだろうと判断
関係者同士で話し合ってもらいたい	法令の不備は担当者の責任ではない、上司も同意見で諦めてもらおう
現行で注意をしながら保育をしてもらいたい	行政の待機児童の解消対策と運用矛盾との問題に手を付ける能力はない
我慢して下さい	取締まれないから仕方がない
保険制度がないから対策がない ↓ 諦めの提案 解決は無理だと考えている	制度への対応は自分の考えることではない、不公平でも仕方がない ↓ 何が問題かと考えたり、改善の思考がない

〔2〕困った事柄に対応する担当者の
解決活動と叙情的習慣に関する分析表

　以上のまとめとして分析表にしてみた。

　困った事柄は受け付けて話は聞くが、障壁の説明ばかりで問題を客観的に分析して、法令や制度や迷惑防止といった根本対策に進んでいかず、「仕方がない」という昔からの役人の逃げの動きになっている。国民も叙情の諦めになってしまう流れである。叙情的習性の仕事ぶりと考えられる。この姿勢では、待てど暮らせど求めている困った事柄の解決は得られないであろう。

　これは大事な重要な事柄であるから有耶無耶にしないで、対応の順番を決めて計画的に解決すべき事項に組み入れるべきものである。これを難しい事柄だ、対応はやめよう、というように考えるのは仕事を放棄しているに等しいことである。解決能力は落ちるばかりだから、日本の国力の弱体化となり強化にはならない。

〔３〕改めて考える叙情の功罪

　叙情は優しい感情として詩歌に表現され、読む人の心を和ませてくれる。また、日常では雰囲気を柔らかくしてくれて、平和を感じさせてくれる素晴しい感情や心理の描写であるが、仕事社会では悪影響が多くなる。先の文章で述べたように叙情的思考は時に、仕事が狙い通りに進まず無駄や損失が大きくなる方向、確実性のない達成できない方向へと向かわせる。そして手抜きの動きにもつながるので、民間企業では無管理状態になり、大失敗や大事故を起こして社会に迷惑をかけてしまう。行政関連では仕事が見えずに空回ったり、困難事項を放棄するなどで住民を苦しめるといったことが生じる。また、政治部門では議員諸氏が「まあいいか……」との想いで、中味のない本題の核心とは無関係な事柄に議論を費やし、国政上の重大事項は次期の議会へと延ばしてしまう。ならば報酬の支払いも次期まで延ばしたい気持ちは度々感じるし、曖昧で無駄な時間が多いとつくづく感じる。

　この叙情が、叙事の姿勢に変われば、国の施策も国民の納得できる、そして将来の見える客観的、科学的なものに変わり、喜ばしいものになるのではないだろ

うか。「まあいいか……」的な感情の払拭を願いなが
ら、厳しい世界情勢の中、現行の叙情的政治によって
失われるものを憂う。

第 5 章

問題解決について

　問題解決能力は本来人間に備わっているものであり、誰でもできると考えている。しかし、それには熟練が必要である。それは問題が自然の中で、また人間社会で発生しているものであり、それがいろいろ絡み合っている場合がほとんどで簡単なものではないからである。問題解決は「問題は何か？」を知るために困ったこと、トラブルといった現象の実態を充分に知るための調査から始めなければならない。しかし、多くの人達は“トラブルの原因はこれだ！”と勝手に決めて、その原因はこの対策を打てば解決すると思い込み、その思い込みで対策に打って出ていることが多い。そして関係者もその対策の良し悪しの議論に力を入れている。

　例えば、現在国会で議論をしている「マイナンバー制度」の導入過程のトラブルについて考えてみると、皆さんの議論はその中の一部分の手続き、例えば銀行との接続とか、健康保険証との接続とかのトラブルについて議論をしているが、そのトラブルの実態調査の情報についての議論が表面的で掘り下げた議論やその議論によって調査が不充分であるという議論が出て来ない。例えば「入力ミス」について議論しても、指導が不充分だとか、打ち合わせが悪いといった抽象論で

攻めて議論している。

　また、人間の行なっている仕事を機械にやらせるには、人間同士のコミュニケーションと異なる手続きが必要であるということは頭の中では理解している人がほとんどであろう。しかし50年前の時代、コンピューターを仕事の中に取り入れて効率を良くし生産性を上げようとする動きが活発になった時に警鐘が鳴らされて、あちこちで注意喚起がなされていたのがコンピューターを入れて自動化するためにはまず、自動化したい仕事の作業の標準化をしなければ、機械は働かず混乱して仕事が止まってしまうことだ。事実導入したコンピューターを横に置いて人による作業に戻ってしまう事例が沢山現れた。導入した企業や行政は、作業の標準化なんて教育水準の高い日本人なら問題がないと思っていたようであったが、仕事の作業の実態を知らない上層部の人達の判断の甘さが混乱を招いたのである。

　即ち人間は、一人一人が作業をしている中で、変な部品とか変な伝票とか変な処理をしたものが前工程から流れてくると、「これは違っているから修正をしよう」と作業者が判断をして修正をし、何事もなかったように後工程に流してくれるから作業の流れは止まら

ない。しかし機械（コンピューターも含めて）は人間のやるような判断と修正はしないから、変な部品や伝票が流れてくれば、作業を止めるか、その部品を流れからはきだして除いてしまう。そんな反応をしない場合は、不良部品でも不良伝票でもおかまいなしに処理してしまう。これが自動機械の働きそのものであるから当り前である。しかし、これでは仕事が滞る。即ち、不良部品が組み込まれたものは、その不良部品を取り外し良品を持ってきて再び組み立てねばならない。

　事務系の作業でも同様で、今回の「マイナンバー制度」のトラブルでも他人の情報が入っているとか、情報の空白があるといった事例は当り前に起きることであり、こんなことを鬼の首を取ったように議論するのもお粗末である。「マイナンバー制度」を設計した段階から、標準化やシステムの設計概念やルールを明確化して、担当作業者への教育訓練を計画しなければならなかったのに、地方行政に丸投げ、任せっぱなしにしては、トラブルが起きるのは当り前である。このトラブルの根本的な調査はしっかり行う必要がある。この例のようにトラブルをしっかり掘り下げて悪さを調べ上げ、この悪さが何故生じたかの分析をしなければ、本当の解決となる対策案は生まれない。

日本人の叙情的習慣の弱点の一つとして、

トラブル→思い込み→原因の決め込み→対策案の立案

という流れの中で、「調査」と「分析」の過程を飛ばして議論をし、呉越同舟で自分達の思い込みの判断も交え答えを出すというアプローチになっている、この習慣を改めていく訓練が求められる。

　トラブル解決へのアプローチの細部は対象により異なるが、調査と分析の過程は必須である。その中でも民間企業や行政組織のトラブル、そして一般社会の住民の中で発生しているいろいろなトラブルとでは、アプローチの細部は異なるようになる。だから、民間企業や行政の組織では、組織内でそのアプローチの仕方を研究し、解決方法の研究もして、能力のレベルアップを図り、組織内で発生するトラブルの早期解決への努力をしている。その意味ではトラブルの発生に対する不安は減少できる。

　一般社会の住民の中で生じているトラブルの方が心配であり、これを解決すべき議会や議員諸氏の解決能力に不安があるのは、先の項で述べた通りである。ぜひ議員諸氏の解決能力を上げていってもらいたいが、民間企業や行政のように組織の中で教育訓練を行なっ

て能力を上げるような処置はとられていないのが現状
だ。議会の責任において、特別な補助機関を設置し、
立候補して議員になりたい人達には事前に問題解決の
ノウハウの教育訓練をしてその能力をしっかりとつけ、
その能力ありという保証を授けて選挙に立候補しても
らうという制度を設けたらどうだろうか。問題の解決
を望んでいる国民・住民が、その資格を持っている問
題解決力がある立候補者だとわかれば、その人に期待
して投票できる。現在のように、どんな能力を持って
いるか皆目わからず、仕方なく応援している党派に票
を投じるという不安はなくなるであろう。

　その他の問題解決を求めている人達のトラブルは、
さらに専門的な知識を必要とするかもしれない。これ
らは、専門分野の人達と行政の担当者達とで、諦める
ことなく問題を掘り下げてしっかりと対応してもらい
たいと思う。

　以上に述べた問題解決アプローチにおいても、忘れ
てはいけないのは叙情的習性である。この習性に陥る
ことのないアプローチが求められていることを、忘れ
ないようにしなければならない。

　先に述べたその他の、解決を求めている困った問題
としては、次のような例がある。

1 | 新型コロナの感染・治療問題

　まず、この問題を大きい視野で取り上げると、第二次世界大戦時期の英・米・仏・加国のOR（Operations Research）作戦を思い浮かべる。表題の問題は専門事項として行動科学、制御管理技術、経済学、感染治療技術、数学といった分野の人達によるチームアプローチが解決のために必要であろうと思う。このトラブルは二つの問題に分かれると考える。その一つの問題の解決が、専門家によるチームアプローチを必要とするように思う。

　まず治療についての問題は、医療分野（研究所・病院等）の機関で対応して成果が上がり、ウイルスは新型と確認。その中でも変異が見られ、それに対応した治療や医薬品もわかってきている。

　次に、感染制御管理の問題は、ORのようにいろいろな専門的視野で対応する必要があるように思われる。人間の行動の動きや、また感染状況の制御、その管理

や数学的・科学的分析といった専門の人達の合同研究で解決（0にはならない）に当るべきものと考える。しかし、現状ではこの問題は叙情的感覚で試行錯誤に陥っているようである。即ち、対策で求める行動が抽象的で、客観的で、科学的、理論的ではない。例えば「接触を避けよ」とかで、「人の多いところは避けよ。だから食堂とか居酒屋は避けよ。外出は控えよ」といった、人間が生活する上での必要な行動の多くを抑えるような、これで解決するしかないという発想は叙情的であり、科学的・論理的ではない。客観的でもなく、主観的に見た発想になる。「人の多いところに行くな」ということは、「社会活動をするな」ということになり、国民が受け入れられる容易なものではないから、これを納得させるには本来、もっと具体的な、科学的、論理的な説明が必要である。例えば、人々に対し「社会活動をするに当って、感染を防ぐために必ず守ってもらわねばならないことがあり、これだけは必ず守ってもらいたい」と説明し、さらに具体的行動基準を示すといったことが必要ではないだろうか。「そんなことはよく承知している。しかしそれが難しい」との答えが返ってくるかもしれないが、これが叙情的な証拠である。

新型コロナの治療自体は、医学的、科学的、論理的に研究をして治療方法を導き出し、それに従って治療し解決している。なのに何故感染制御方法については、技術的、科学的、論理的に研究した答えが出せないのか、国民は不思議に思うのではないだろうか。感染を制御する思考は例えば、「現状の感染確率10％を、５％にできる。そのためには次のような対策をとる必要がある。そして、これを実現し維持するためには次のような施設や条件が必要である」と明らかにすることが、叙情に流されない叙事的な思考であろう。そして先に示した対策をさらに技術的、科学的に研究分析してより良い策を導き出し、現在の５％をさらに３％に下げる対策を示していくべきである。これが、今後の感染症の制御にも役に立つものとなろう。それにしても制御技術の研究にもっと力を入れねばならない。

2 │ 議員諸氏の議会及びその他での活動と問題解決能力の必要性

　国民は困っていること、改良・改善して欲しいいろいろな事柄を「国民・住民のために働きます」と言って立候補して当選した議員諸氏に求め、その実現を待っている。しかし、その解決への見通しが見えない。これから計画を立て解決しますと言うなら我慢して待ちもしよう。けれど計画は見えないし、困った事柄を取り上げた様子もない。「皆さんのお役に立つ活躍をします！」と約束した、活躍とは何だったのだろう、と皆さんは考える。これでは信頼を持って期待して投票する気持ちにはならない。議員諸氏は次の作業をすべきではないだろうか。

　A．自分達が住民の間を歩き回って調べ上げた住民
　　　の困っている事柄を皆さんに示す
　B．示した事柄の中で、国が対応すべき事柄、地域
　　　行政で対応すべき事柄を整理し、調べてその対
　　　応計画を示す
　C．示した事柄の中の、国や地域行政で対応できず

取り上げられていない事柄で、議員諸氏が解決
すべきものを取り上げて、計画を立案して示す。
解決する順番と期日を示すことも含める
D. 調査した、住民の困っている事柄で取り上げな
かったものはどうして取り上げなかったのか、
また、後日取り上げるならばその時期を示し、
取り上げなかった理由や後日に先延ばしにした
理由を示す

　以上のような約束した達成すべき計画の情報発信や
交流は欠かせない。そんな面倒な手続きはできないと
考えるのであれば、国民・住民からは次期投票日には
票を得られないであろう。何故なら任務を放棄してい
ると考えられるからである。
　次に問題と考えるのが、国や地域行政が対応できて
いないが、国民・住民が強く解決を望んでいる事柄で、
議員諸氏の解決能力にも不足があるという問題である。
前項で、困っているが解決できず有耶無耶になってい
る問題の分析をしたが、その中にも議員の能力不足で
放置される形になっていると思われるものがあった。
問題解決能力が欠けていたのでは、国民・住民のため
の役には立てない。議員諸氏はこの能力を必ず必要な

資質として身につけて欲しい。この能力は簡単に身につくものではない。しっかり腕を磨いてもらえるように、議会立案でその能力向上の研修制度を設けて、そこで研修をして資格を得るようにし、その資格があることを立候補の条件の一つとする。この資格によって国民・住民は信頼と期待を持つことができるというものである。

※問題解決能力を習得するのは、上記で述べた議会による資格習得機関の設置によって習得できるようにしていただくのがよいのではと考える。そうすればその機関で資格が得られる。

第 6 章

行政や企業の業務の管理活動における「確認不足」トラブルについての提案

1 ｜ 行政機関や民間企業の管理者の、部下への対応についての提案

　心の優しい人は、先に述べた通り管理者といえども「確認」作業を苦手としているようである。即ち、C・A（確認・制御）の実施について習性として、

　A．叙情的習慣によって遠慮をしてしまう
　B．相手にこちらの思いを読み取ってもらおうとする
　C．自分から強く言わない
　D．確かめる行為は疑っているようで相手が不満を持つと考える
　E．相手がちゃんとわかっているか、心配の気持ちはあるがあえて確かめない

などの考えをもって、C・Aの実行を控えてしまう。この姿勢は家族関係でも見られる現象である。
　しかし、仕事となると失敗・成功・損益・倒産という大きな物理的責任が伴う世界であり、疑問は質問をして明らかにし、誤解はなくすことが必要条件である。

我が国国民の日常生活は、叙情的感覚で占められているということは先に述べたことであるが、この優しい心情は文化面を含め、人は「和」をもって尊しという古来の教えで、自慢できるものと思う。しかし、世界に仲間として入って活動する経済・行政活動を叙情的に行なっては、押し流されて立つ瀬もない敗北となりかねない。国内の活動でも、民間であれ官であれ、この叙情による曖昧さ、誤解、放任による、失敗や、やり直しによる損失（金額・時間等）は大きく、活動全体の金額や時間で見ると全体の1/3から1/4の損失に及んでいると判断している。

　また、後工程の人は、修復をする間に空白の時間を持たされ、その空白の時間の挽回に残業をしなければならないこともあろう。さらにものづくりの仕事では、材料の損失による再調達で仕入れ先の相手に在庫がなければ急いで生産をしてもらうことになり、大きな問題となる。物作り（製造業）や物売り（商事や販売会社）の世界進出は華々しく輝いて見えるが、世界的に見て生産性が低いと言われるGDP世界第3位の日本は、この陰にある損失を取り除き体力を強化しなくては第4位、或いはその下位へと落ちることもあり得る。

　この危機を乗り切るには、官民を問わず管理職による管理・制御（C・A）によって仕事の損失の早期発見や損失ゼロ化の推進を図ることが推奨される。即ち、叙情の感覚（心情的・主観的）を取り除き、叙事の感覚（科学的・客観的）で管理サイクルを回すことである。

　しかし、これには管理職の時間が多く必要となる。自分の仕事ができなくなると考えて、"これは無理だ！"と思う人がいるかもしれない。そこでまず、管理職の任務とは何かを考えてみよう。普通、管理職は一つの部門（課とか部、室等）を任されたその部門の長である。そして組織全体の成果目標の一部達成の責任を任されている。その責任達成のための実務作業は、部門構成員である部下一人一人の行動によるものである。そうすると、管理職は部下の行動の良い悪いで成果が変わり、自分の責任が果たせるか否かに反映されることになる。部下の仕事のC・Aは、成果に大きく影響してくる大事な行為と考えねばならない。また、このC・Aによって失敗が減少し、無駄になっていた作業時間が空き時間になると、新しい仕事が投入できたり、レベルアップの研修ができたりする。C・Aの時間にも使えるから、さらに仕事の向上につながる。

C・Aの中で、双方の話し合いがスムーズにできるようになると、作業の新しい方法や作業そのものの変化（削除・合併・短縮・変形など）を発見できる。その変化案が規則や基準に関係する内容であれば、実施の可否の承認を管理部署に届けなければならないが、これも管理職が協力すれば管理部署とのコミュニケーションが作業者より有利であるから話は滞ることなく進み、多くの時間を待たずして、新しい案で生産性や品質の向上が推進できる。「効果があることはわかったが、忙しくてC・Aの時間が取れない」と悩む管理職の方もおられるだろう。これは自分の１日、１週間の行動の時間記録を１ヶ月間行なって、自分の上司や役員の方に見せて、削除すべき時間を提案してはどうだろうか。

　上司は、前述のような効果を期待できるC・Aなら削除に同意してくれると思う。もしくは、管理職のあなたが試しに実行させてもらい、結果を報告して理解してもらうことでもできるのではないだろうか。C・Aは日常の叙情的感覚の除去に有効なものでもあり、習慣化することで生産性向上を生み出すはずである。

2 ｜ 現在の官庁や企業の人材対策

　次に考えてみるべきことがある。現在の日本の官庁や企業の人材対策についてである。

　最近よく聞く対策として、

- 従業員の企業間流動化を図って雇用競争をもたらす
- それによって給料の上昇を促し、所得の硬直をなくす
- 所得上昇による高支出で消費を上げて経済の発展を目指す

という話題が巷を賑わしている。

　企業において給料の上昇が10年以上もないという現象は、自社の生産性上昇への不安が経営者にあり、企業の発展力に不安があるからではないかと思う。その不安は、従業員の活動にも成長がなく活力も低下するという悪循環を生じさせ、今後もそうした状況で推移するという、将来への悲観を生むものと思う。"企業は人なり"と言われるからには、不安は「人」に起因するものであり、経営陣は従業員の不安払拭に対す

る戦略がなかったのではないだろうか。即ち、「人」の水準向上に努力を傾けてこなかったために、従業員の能力が平準化し、向上への意欲は高まらず、普通の働きをすれば良い、という考えになってしまっているのではないだろうか。

　人間は、思考によっていろいろな考えが浮かんでくる。例えば、変化への気付き。即ち、自然の変化、顧客の変化、生産作業場の変化、生産工程での異常事態の発生（の気付き）など。また、ふと思いつく発想、これらは従業員の日常の働きの中で浮かんでくるものだというのは、皆さんもよくご存じかと思う。この働きが鈍くなっていることが問題ではないだろうか。終身雇用に対する批判があるが、能力があり前向きな練達の人を何故退職させて、若いだけでまだ能力が低くこれから指導をして何年後に一人前になるかわからない、という若者と交替させる必要があるのか。当然ながら従業員の若返りは常に必要であるが、昨今ベテランがいなくなった現場で起こったトラブル・間違いの話をよく耳にする。経営者が現場を見る暇がなくなったのかと憂う気持ちにもなる。「もう間もなく自分は退職させられる」と経験豊かな年長者が思えば、企業の発展に経験と知恵を駆使して貢献したいという気持

ちは起こらない。すると、そばで働いている若者の意欲も上がらず、経験も伝えてもらえず、成長の乏しい平準化した活動になって、成長の足を引っ張ってしまうことにもなる。これで生産性が上がらないのは当り前だろう。

　そして、この問題は企業のみならず行政も同様であると思う。年長者から若者に仕事の技を伝えて、さらに若者が新しい技を生み出して発展していくサイクルを失うと発展は止まるしかない。このサイクルがしっかり回っていてベテランが余るというなら、その活用は他の企業に譲ってもいいだろう。しかし給料も上がらない、生産性も上がらない状況で、年長者から若者への知識と技能と技術の伝達は行われるのだろうか。外国人株主やオーナーなどが人材のローテーションの必要性を唱えているようだが、それは自然の流れとすべきではないだろうか。経営者はもっと現場のプロの存在をしっかりと把握すべきだ。

　片や、将来的には労働力不足になると言っている。少ない労働力である若者達の教育訓練をベテランの少なくなった状態でしっかりできるであろうか。これは悪循環だと思う。そんな心配を強くしつつ、日本人の能力の大きな可能性と、「和」の精神による能力の倍

増化への期待を込めた、新しい従業員協同による能力
向上活動の体制を、次章で提案したい。

第 7 章

新形態
「小集団活動体制」
の提案

　前項までに国民の困った問題に対する対応として、その困った問題のためにと立候補して議員となられた方々の問題解決能力の向上を提案した。また、企業や行政の管理職の方々には、各位の持ち時間の中で部下の仕事の要点の確認のための時間の確保を第一の優先事項として、時間管理を提案させていただいた。しかし、世界の先進国の進歩のみならず新興国の発展の速度が著しい状況の中で、経済活動における企業や行政の働きは伍して進むのみならず、それ以上の速度をもって進まなければ後れを取ることになりかねないと案じ、別途に仕事の叙情的習性化の除去のみならず、日本文化特有の「和」による従業員のグループ活動による相互啓発、相互協力、共同による向上の実現として、組織内グループでの業務活動方法を推奨したい。

　しかし、この活動体制は正規業務組織として過去に実施事例はなく、組織外グループ活動事例としてTQC（Total Quality Control）活動の中に活発な事例があるのみである。この活動体制の将来性を確信して、単なるアイデアとしてではなく、実現する手段として、この小集団グループ活動の運用体制を下記のごとく提案したい。

この体制は運用の手続きの流れに沿って意図を細か
く明らかに示して、行う方向を誤ることのないように
示してある。尚、活動の効果を判断する参考として、
旧来において民間企業で実行されてきた勤務時間外の
グループ活動の事例を先に紹介する。

1 旧来の小集団活動発生の概要

　この活動は、鉄鋼業の職人さん達が仕事現場で発生するいろいろなトラブルを自分達で解決できないかと話し合い、賛同する仲間でグループを作ったところから始まった。グループは、作業時間外に現場の実態を調べ、その中の悪さを見出し、それの分析をして原因を割り出した。そして解決策を協議して立案し、これを試行して作業性、品質、生産性、原価を把握した上で、良い改良、改善策を導き出して、職場の成果を向上させる活動へと発展させた。さらにこの活動を企業内の他の職場で紹介し、活動は広がっていった。これが業界内で紹介され、発展し、他業界の企業にも広がり、この活動の相談役をしていた大学や専門協会の人達もこれを後押しし、全国で多くの企業の人達を集めて発表会も開催し普及していった。

2 │ 小集団活動の特徴と効果と問題点

a）この活動の特徴は従業員の自主的な向上活動で
　あること。無償の勤務時間外活動であり、会合
　中に茶菓の差し入れが時々あるのみである

b）運営に企業は関与せず、企業内に事務局を設け
　て、ここで小集団の運営相談や指導を行う

c）集団の運営は各々の集団が互選で決めたリー
　ダーとサブリーダーによって進め、取り上げる
　テーマも各集団やグループで各々協議して決め
　て問題解決を進めていく。企業はテーマを指定
　しない。解決目標は決めるが、制限はない

d）効果は取り上げたテーマの重要さで大小さまざ
　まになるが、困難なテーマだと答えが得られな
　いこともあるので、やさしいテーマが多くなり、
　小さな成果になりがちである。改善提案として
　企業の上層部に申告して表彰してもらう成果の
　ものも出ている

e）問題点としては、企業内での任意活動なので、
　自発性を求められる。時間外は早く帰って家事

があるとか、従業員各位の都合に左右されやす
く、会合が休みになったり欠席者が多くなって
協議に支障が出たりして、活動の魅力と動機付
けが難しい面があり、活発化させるのに苦労し
ている企業は少なくない。これは当り前のこと
で、企業は出費がほとんど0で成果は得られる
し、従業員の仕事の水準が上がるから、企業側
に一方的な利得があることを従業員は不満に思
うし、意欲は湧かないであろう

f）さらに発足当時は仕事に問題意識があって、そ
れを解決したいという意欲がある人達の集まり
であったから、積極的な意見交換があったし、
気性の違いがあってもそれを乗り切れる話し合
いがあった。企業側の指示命令はなかったにせ
よ、参加者は従業員であり職場の仲間であるか
ら、義理で参加することになる人もいる。義理
での参加者と積極的参加者には意欲に差が出や
すく、これが協議中に表に現れて不仲となり、
非協力的だとして批判が出たり、得意不得意が
能力に間違えられて仲間でとやかく言うように
なる場合もある。職場環境が冷え切る状況に
なったり、退職や配置転換も出てくるというマ

イナス効果につながる可能性もある。企業側も
そっと見ていれば成果が上がるという活動でも
ない

g）企業側の問題点としては、従業員各々に身につ
けてもらいたい知識や技能、経験等について、
その実態が把握できる良い機会であるが、企業
として関与・管理していないから、その貴重な
情報が得られず、レベルアップの教育訓練計画
の立案にも使えない。大切な従業員の能力向上
に寄与できないのは残念であり問題である

　以上述べたように、自発的に発足した集団活動は企
業や協力団体が後押しをしたが、集団の中の問題意識
が高くて企業からの報酬がなくても自分の勉強になる
し実力向上にもなる、という前向きな姿勢にみんなが
なるとは限らず、これを押し付けることはできないか
ら、燃える松明のように初めは強くても徐々に小さく
なっていく傾向がある。

3 ｜ 組織内の業務組織への小集団グループ活動体制の導入

〔1〕新業務体制としての小集団グループ活動の制度概要

　前項で従来の小集団活動の紹介を行なったが、その長所短所を含めた有効性を基本として、前章までに述べた現在の経済活動の問題点、「確認不足」「労働意欲の低迷」「生産性の停滞」「曖昧さによる損失」を改善するための、筆者の提案する新たな小集団グループ活動制度の概要を説明させていただく。

〔2〕必要性

　組織内の管理活動の確実化、従業員の「和」を基とする協力作業による活性化、従業員の発想の推進と活用強化を必要とする現状の業務の混乱状況への対応。

〔3〕求めるもの

①組織の業務活動の安定的達成の保証とさらなる向上
　を実現できる業務実施体制を小集団グループ活動と
　いう構成を用いて編成する制度で実現していく
〈管理者と部下との間の部門計画や施策についての意
思の疎通の不充分をカバーできる〉

②新体制運営計画
　A．業績としての目標：安定した各業務活動の実施
　　（保証）とその推進能力の確保
　B．技能としての目標：同一業務担当グループの自
　　由発想の有効化、安定した相互協力の活動計画
　　による、相互向上の実現
　C．行動としての目標：グループ内業務の投入に対
　　する条件整備（評価方法も含めて）
　D．導入条件：体制確立期限は３ヶ年、業務処理機
　　器及びソフト費用を除いて特別の投資は行わな
　　い

③グループ体制基本方針
　担当する業務内容を叙情（感情）ではなく叙事（事

実）で理解しながら「和」の心で相互に通じ合い、担
当する諸問題に対応する。

　下記に企業経営や行政運営の確認不足と生産性低迷
の経営問題意識の展開過程の諸事実を示す。

ａ）企業や行政活動状況に関する疑念、管理活動に対
　　する疑念
　ア．各種企業や行政の管理活動の日本の生活習慣か
　　　らくる手抜き
　イ．従業員の仕事に対する意欲の喪失と、自分の行
　　　う仕事の社会に対する責任意識の希薄化
　ウ．働く人の日本人の、文化としての「和」の認識
　　　と行為の劣化

ｂ）企業・行政活動状況の欠陥の認知及び従業員の質
　　の低下の疑念
　ア．従業員給与が長期にわたり変動なく横ばい状態
　イ．企業、行政の課題の向上と従業員の業務不遵守
　　　の慣行
　ウ．企業力、行政力の低下をＩＴ化への逃避で未実、
　　　施策欠落

エ．各種企業や行政の従業員の向上思考停滞や休止
　　の状況

オ．企業経営者・管理者・行政運営・管理者の現状
　　打破への意欲、技術革新の意欲の停滞（本来業
　　務の怠慢）

カ．従業員間で正社員・非正規社員・パート・アル
　　バイトとの処遇格差による労働意欲の不活性化

〔4〕提言

　以上の疑念と欠陥を確認し、現状問題を認識し、そ
の対策立案をして関係部署に提言する。

①基本方針

A．管理者の管理活動の弱点である確認作業の完全
　実施体制として組織内業務実施活動に小集団グ
　ループ活動体制を導入

B．小集団グループ活動には、基本理念として
　「和」の精神、「着想」への意欲、「協議」の姿
　勢を導入する

C．経営執行部門はこの体制を育成し成長させる

D．管理者は企業、行政の方針に沿って自部門内の

　　グループ活動の確認と推進を行うと共に、グ
　　ループの協議の叙事的展開を補助する

②管理方針

　小集団グループ活動問題についてのさまざまな意思
決定を、各管理者が新体制方針に沿って行うための基
準を、事業所の最高責任者である事業所長が示す必要
がある。

〈基準例〉

　A．小集団グループの問題解決は、事業所長の権限
　　　事項とする
　B．グループの改善向上活動に要する予算は、一定
　　　率を下級管理者に提示して決裁権限を委譲する
　　　（予算は適時に投入し、成果の基準を定める。
　　　下級管理者はこの基準の保証に責任を持つ）
　C．小集団グループの編成は科学的な裏付けによる
　　　人の相性・適性により編成する、人数は 5 名前
　　　後
　D．小集団グループの育成に必要な施策を定期的に
　　　考え実施する
　　　尚、育成施策は企業の経営計画に含み、他の教

育訓練項目と共に利益計画において投資として
取り扱う

E. 小集団グループに属する個々の従業員の成長と
グループの発展を助成する

F. 小集団グループの自主性を尊重する

運営施策	運営方針
A. 小集団グループの能力の量の充足 小集団編成に知恵を絞る。即ち科学的・客観的に相性を研究して、叙情にならないようにしていく	a) 小集団グループを業務区分（含職場性）により層別して取り扱う b) 業務能力量の拡大は職場部門の生産性向上と業務員能率の向上及び新規業務の開拓による
B. 小集団グループの能力の質の充実 管理サイクル（特にC・A）の充実の指導 議論・話し合いの経験を積む	c) 小集団グループは一定の基準による適性審査を行なって登録する d) 業務区分のほか資格適性水準により仕事を選択的に投入する e) 専門業務化による専門化を図り（AI化問題解決案）、またその適用範囲は随時拡大する f) 充分な作業情報（業務条件、業績目標、作業案件）を伝達し、且つ作業指導を行う（作業指導者） g) 小集団グループの作業について臨時の物的・人的能力不足を応援する（設備、工具、技能者）

③運営方針

　基本方針を徹底し、執行責任者が有効な施策と実行方案を策定。それを完全に遂行することにより完結する。当体制の最高執行責任者である事業所長は、施策と実行方案の計画と統制に当って判断基準となる事項を、第二段階の執行方針、即ち運営方針として示す必要がある。

運営施策	運営方針
C. 事業所側の内部体制の整備	h）業務の簡易化と標準化を促進する（業務分類・削減・AI・協力的雰囲気） i）業務実施手続きを合理化（反制度化）、迅速化する j）協働業務条件の客観性（説得可）ある基準を設定する
D. 小集団グループの生産性向上	k）小集団グループメンバーの業務処理技能・技術、運営管理技術の教育を行い、その確定を図る（作業法、業務管理法、人事協力法） l）小集団グループ活動の専門家の水準向上を図る m）事業所側としてグループへの支援水準を引き上げてグループの成長を図る

④グループ編成判定区分
〔１〕難度業務の執行意欲と能力
〔２〕業務協調意欲と協力する性格（グループ活動の
　　　利点を高める姿勢）
〔３〕小回り対応能力
〔４〕業務客観評価能力
〔５〕変化業務の受容と取り組む意欲
〔６〕業務革新意欲と能力

　この活動は次のような働きにより業務の大きな向上
を導くと考えられる。即ち、
　１）協同で協議活動を行うことにより、向上の知恵
　　　を多く生み出して積極的な向上活動が多く生ま
　　　れるし、相互にレベルアップをしていく。ベン
　　　チャー企業の成功した例ではこのような活動の
　　　中で成長した例が多いと言われている。
　２）管理活動の確認作業が仲間同士の相互確認がで
　　　きることにより、委託できて省略され、かつ再
　　　発防止にもなる。
　３）複数での協同作業では相互に意見の相違ができ
　　　やすいが、「和」の精神の習慣化により相互理
　　　解へと進み、相互努力で達成可能となるからさ

　らに関係を強くすることができる。

4）上司である管理職は部下の仕事の方向性の焦点
　合わせを一定間隔ごとにする必要があるが、こ
　れが協同で仲間同士で方向性の確認ができるか
　ら、仲間同士で間違いがない限り軌道修正作業
　は減少するし、間違いも非常に少なくなること
　が期待できる。

　即ち日本における小集団活動は民間企業において生
まれ、推進機関の努力によって多くの企業で発展して
きて良い成果をあげている。しかし、この活動体制に
は推進に消極的条件がついていて、当事者である企業
の従業員の意欲が向上する体制になっていない。即ち
この活動は従業員の自主的行動によるものであり企業
側は直接関与しない。即ち、活動は業務活動として扱
わず給料も支払わないとしている事例がほとんどだか
らである。それはこの活動の発生が従業員の自主的な
集まりによるものであるからで、それも納得できるも
のである。

　それで筆者が提案している複数の人達による作業と
いうのは、前記の小集団活動の企業での正規業務化に
変革した形の活動を推奨していることである。共同で

話し合い、悪さを探し合い、知恵を出し合って悪さを解消して、新しい知恵による事業を生み出していくという発展活動は、「和」を尊しとする考えであり、争いなくまた向上心と知識と知恵を持つ日本人なら試行錯誤しながらも企業の経営者、管理者、補助者、従業員が一緒になってこそ可能な発展活動であろうと考えている。そして、これは民間企業のみならず行政機関でも導入実施を考えてもらいたい活動と考えている〝官は難しい！〞などと考えるのは叙情的な逃げの姿勢である。

〔5〕この制度における問題解決活動

　この制度での業務活動は複数のグループによって実施される。その状態で発生したトラブルはグループで内容を互いに早くよく理解できて、先に述べた通りこの集団活動は生い立ちの条件としてトラブル解決アプローチのマスターを容易にしている。即ち、コミュニケーションは常にしており、トラブル原因の話もしている。だから、いざ、解決すべきことの議論となれば、先に話をしていた中で、軽く実態把握をしていたものにさらに深い実態把握を素早く行うことができ、解決

へのアプローチがはかどる。

　しかし、アプローチそのものは簡単ではない。旧小
集団活動で活用していたアプローチそのものをまず利
用して、これをグループの皆さんが早く習得して解決
能力の確保につなげればこの制度の効果は大きく出る
と思われる。叙情的感覚は人間間の物事を穏便に収め
るのに役に立ち争いも防げる。仲良く活動して問題を
有耶無耶にすることなく解決できれば、これで四方が
うまく収まることになり「和」も向上しよう。ここで
取り上げている問題は物理的事象に関する問題事項で
あり、心理的・感情的現象の事柄ではないことを確認
しておきたい。尚、心理的事象なら叙情的感覚はか
えって役に立つかもしれない。物理的事象は人間の感
情で変わるものではないから、特にこの使い分けが大
切となりグループでの話し合いでも要注意である。

　アプローチの手順の第一歩が実態把握であることが
多いが、この作業に入る中で再び叙情的感覚が頭をも
たげてきて、現実の確認の一部分を見て早合点をして
わずかな調査で把握をしたつもりで答えを出したりま
た、思い込みで調査内容を選んで調査をしてこの叙情
的感覚の実態把握の答えから問題の原因を推理して、
解決の答えを出すという処理をしてしまうことが世の

中には実に多い。調査には主観を除き、叙情を除いて常に客観性を維持して対応できる体制が必要だ。この制度に組み込まれたグループもこの維持のために各メンバーの客観性の維持のメンテナンスを維持が切れる時期まで行なって叙情に陥る危険を回避する努力も求められる。

　日本人は「勘」という叙情的思考に慣れているようで、これも習慣化しているのかもしれない。問題解決は、叙情的思考でなく叙事的思考でアプローチしなければ再発の連続となることを理解し取り組んでもらいたいものである。

　この提案をしている「小集団活動体制」の枠組みは筆者の師である、故和田栄治氏（元青山学院大学教授）の提唱した管理技術論により設計されたフレームワークを利用・採用させていただいたものである。良い運用により良い成果が出ることを期待している。

第 8 章

日本の力を
発揮するには

【弱さ】

1. 日本社会は欧米風、特に米国風の自己中心的で利己的な風潮となり、この自由勝手な雰囲気は協調して社会や企業、行政を良くしていこうというものではない。少しでも楽を選び良い仕事よりも良い収入を選んでいる。自分で自由な仕事を選び、余暇は遊びに向けていて、向上意欲がない若者の思考を指導する場と人がいないのか。議会ではこういう点を議論しないのか？

2. エネルギー、食料という二つの重要資源を他国に頼っている弱点をカバーする発想と研究が乏しい。R＆Dの視野を大きくすべき、「テーマはいっぱいある！」

3. 家庭内での人格教育の不足、社会に出て企業内で教育をしていることの損失は大きい

4. 自衛隊の航空機等の武器の部品の共食いの放置

5. 政治家の秘書の役割強化の必要（主人の退化・悪化の危険の進言）

6. 新しいものが出ない（ソフト→製品）

7. 従業員が内向き、自己研鑽をしない、モチベートしていない、給料を上げられないの連鎖

8. 日本人独得の働き方をしていない（和の心での協

同活動）

9. 再発防止ができない（従業員が気を利かさなくなっている）。上司の思いを読まない、経営者の気持ちを読まない

10. 仕事に対する甘さ、前髪だれの若者の根性は弱く崩れやすい

【良さ】
1. 和の心
2. 複数人で共同で働いても良い成果を上げる力を持つ（小集団活動）

【難しさ】
1. 複数人での仕事は個人の意見が異なり争うことがある。これを調整し良いまとまりと最適の解へ導く調整役が必要
2. これらの作業は個人の我慢を放置してはいけなくて、良い質は伸ばさねばならない。この良い選択の能力と説得力も必要

【総合】
戦後先進国の技術、経営管理を学んできたから、こ

こで振り返って、これからは日本の文化と人柄に合った、そして、新しい科学の発見や技術による商品開発やものづくりを始めることが世界への提案となるのではないかと思っている。

あとがき

　数十年前から企業勤務の中で見てきたことだが、確認不足によるミスマッチが日本国内のあちこちで見受けられる。筆者のように合理化や生産性向上を専門とする者にとって、これは損失の大きい事柄なのに抜本的な対策がなく、垂れ流しになっていることに疑問を感じつつ、それでも国の経済の発展は続け、また、企業も利益を出しているから、垂れ流しでも成長しているのだからという強気で押し通すという考えがあったのであろう。それは現在の発展途上国も似たような状況で、強い発展力で進んでいる。これはかつての我が国と同じ状況とも考えられる。振り返って我が日本は現在はその発展力が弱くなって伸び悩み、先に述べたように垂れ流しの損失は潜在的発展力となる財源を捨てていることになるのではないか。改めて、いろいろな分野での垂れ流しを止めて回収して今後への発展の投資とすべきだと思う。

　その垂れ流しや社会・経済の悪化の予兆を見逃す要因の源を思いつくままに次に述べたい。

〔1〕 将来、国の社会や経済の悪化の予兆を見逃す要因

　叙情から生まれる"まあいいか！"という判断は部下の失敗や他人の非礼などに対しては寛容の心として社会に受け入れられている。

　しかし、国や企業が抱えている、いろいろな大きな垂れ流しの問題では、それを解決するために深い掘り下げや分析・検討をする努力と能力を必要とするのに、"まあいいか！"という判断は、この努力と能力の向上を止めている。

　これは大きな垂れ流しの根本原因と言えよう。

〔2〕 仕事上の小さな叙情の垂れ流しの問題一覧

　1）決められている大事な仕事上の基準値に対し、
　　　基準外に飛び出した測定結果に甘い判断をして
　　　「良い」とすること
　2）決められた作業のルールを守らず、少しくらい
　　　なら違った作業をしてもいいだろうという甘い
　　　判断をする
　3）作業者の作業の間違いの確認を規則通りに行う
　　　ことを省略したり、放任したりすること

4）仕事を頼まれたが、その必要性、期待する成果の内容、必要時期等の達成責任事項について、引き受けたのに正確な内容の確かめをしていない。自分の努力の方向と期待されている結果が違っても仕方がないと思って作業をしている

5）仕事を頼まれたがうまくいかない。仕方がないからそのまま放置して、問われたらできなかったということにしよう

6）仕事を頼んだけど、結果の報告はない。確認をして、言い訳を聞いても仕方がないから、実現しなかったとしよう

このように示すと、"何だ、こんなことで" と言われるかもしれない。いぶかる読者がおられるかと思うが、これが曲者で、この感覚が叙情でありこの感覚を見過ごしてはいけない。この注意を怠らないことが大失敗を招かない心がけだと思う。

社会は人間の行動の機械化からさらに人間の思考の標準化へと進んでいる。そして、人間の価値、特に仕事で報酬を得る価値が話題になる時代になった。他国

に戦を仕掛けたり、強力な武器で人殺しをしたりする
のが人間の価値ではないのではないか。しかし、小人
閑居して不善を為すと言われるように、遊ばせておけ
ば悪知恵を働かせる輩は存在するもの。働き甲斐のあ
る仕事を生み出して、暇で悪事に走ることのない社会
が望まれるように思う。優しい叙情だけでなく、叙情
の曖昧さに流されることなく正しい考えを生み出し、
それに向かって進む叙事の思考と行動が求められるの
ではないだろうか。

　この考えに良きにつけ悪しきにつけ出しゃばってく
るのがAI、特にディープAI。これに迷わされること
なく対応し処理するには、いろいろな事柄に向き合っ
た実態の把握を間違えることない力が必要だ。これが
正確であれば外部からどんな情報や指示が入ってきて
も判断を間違えることはないだろう。特に文化を壊さ
れないように安易な妥協は注意が必要だ。日本文化の
視点が必要で、安易に表面的な理屈は要注意と思って
いる。

　以上、読者の皆さんには文章下手で表現下手のため
に充分理解をしていただけなかったかもしれないが、

要は島国の日本人が世界の中で活躍するには日本でしか通用しない、また効率の低い叙情的思考や感覚での"まあいいか！"として答えも出さず、解決もしないながら含みをもたせたように見せてその場を中途半端に過ごす。そのような仕事では国が亡びかねない。情ではなく理性で確かな働きをして日本を世界から信頼してもらえる国にして国民に誇りと安心をもたらしていただきたいと申し上げたいばかりである。

　愛読に感謝申し上げる。

著者プロフィール

高木 敬三（たかぎ けいぞう）

昭和5年生まれ、高知県出身
早稲田大学理工学部工業経営学科卒
久住電機㈱勤務ののち、石川島播磨重工業㈱航空エンジン事業部勤務
ミツミ電機㈱生産管理課長を経て、ミツミ電子㈱代表取締役社長
みすず電子産業㈱にて相談役として資材・外注を担当
ぺんてる㈱勤務、生産本部IE担当課長（デミング賞受賞に関与）
製薬会社のメクト㈱取締役工場長（PM賞受賞に関与）
定年退職後、経営コンサルタントとして数社を担当し指導
JICAのシニア海外技術指導派遣事業に参加し、中米2ヶ国の中小企業
育成活動に足掛け7年関与
元中小企業診断士
日本IE協会会員
既刊書『企業人常識 プロフェッショナルをめざして』（共著、筆名：
髙木志郎、2008年 文芸社刊）

**日本人の叙情の"まあいいか！"による
莫大な仕事の損失を減らそう**

2023年12月15日 初版第1刷発行

著 者 高木 敬三
発行者 瓜谷 綱延
発行所 株式会社文芸社
　　　　〒160-0022 東京都新宿区新宿1−10−1
　　　　　　　電話 03-5369-3060（代表）
　　　　　　　　　 03-5369-2299（販売）

印刷所 神谷印刷株式会社

ISBN978-4-286-24775-5